I0826784

Libro II de Cánticos de un Verso

Augurio de un Corazón

Segunda Parte de Cantos para el Alma

Libro II de Cánticos de un Verso

Augurio de un Corazón

Segunda Parte de Cantos para el Alma

Camila Meneses Rojas

ISBN obtenida del país: 978-980-18-1471-9
Número de Depósito Legal: AN2020000034

Impresión gracias a Amazon y a su personal.
En Estados Unidos.

Ilustración de la portada, realizada por: © 2020 -2026. *Alex FlyFire*

Índice

Nota de la Autora

Amado lector,

Sé que este poemario no es perfecto, dadas mis circunstancias actuales, y comprenderé si en algún momento te parece poco atractivo. Es posible que las ilustraciones o las correcciones realizadas con ayuda de una inteligencia artificial no cumplan con todas tus expectativas.

Sin embargo, hay algo que debes considerar.

Como creadora de esta obra, su desarrollo a lo largo de diez años ha sido una verdadera montaña rusa de emociones. Este proyecto nació en las etapas más complejas de mi vida, y todo lo que aquí puedes observar proviene de un ser humano que está muy vivo, luchando y sintiendo intensamente. Créeme cuando te digo que escribir este libro ha sido como encontrar la luz al final de un túnel tras vivir en constante incertidumbre.

A veces, el camino puede ser oscuro, pero nunca lo será tu destino.

Entenderé si decides irte.

Aunque, si cambias de opinión o decides quedarte, serás más que bienvenido a un mundo donde la poesía refleja nuestro entorno... O quizá, las sombras errantes del amor en todas sus expresiones. Recuerda; este libro está dividido en tres segmentos de forma no muy explicita en Augurio de un Corazón, en Citas de Insomnio y Poemas del Viento.

Espero que esto, no te aterrorice. Más bien tómalo como una oportunidad para meditar sobre el pequeño universo, sin prejuicios.

Atentamente,
Meneses Rojas, C.

Los sueños se pueden alcanzar trabajando por ellos, dando lo mejor de vosotros mismos.

Ten paciencia, sigue consejos, aprende de tus errores y date tiempo
para conocerte o superar los obstáculos.

Nunca es tarde para empezar algo nuevo.

Ignora el tiempo y a quienes te digan que no puedes lograrlo.

La vida pasa volando; disfruta de los tuyos.

Busca conocer a tu media naranja.

A mis corazones:
Muchas gracias por guiarme y apoyarme.
Es un placer compartir esto con ustedes.

Prologo

El deseo de un corazón es lo que nos hace soñar,

Pues construye nuestro camino
hacia nuestras emociones.

Cuando tratamos de evadir lo que sentimos;
cuanto más largo sea un camino estrellado,

Menos complicado es hallar la línea
entre nuestra razón y el alma.

Así, obtenemos la certeza de que somos,
realmente, humanos.

Ante todo, nuestra bondad
es un regalo de este mundo,
al igual que nuestra resiliencia.

Augurio de un Corazón

Desde que probé tu veneno más dulce,
me diste alas para volar, haciendo
que los intereses apáticos de mi rutina
se apagarán;
nada era seguro para mí,
hasta sentirte de nuevo a mi lado.

Simplemente, puedo olvidar mi pasado.

El futuro dejó de ser una agonía
al sentir
los vastos horizontes de tu cercanía.

Sé que el destino no está escrito para nosotros,
pero tu presencia me basta para:

Hacerme soñar como nadie más lo ha hecho,
brotando la chispa que prende el fuego
que hay en mi alma.

Para mí, eres el mar
que alegra mis mañanas,
la lluvia que roza mi piel con su perfume
de tranquilidad eterna, sin ninguna objeción.

La noche
que me resguarda en su caja de tesoros,
como una de sus joyas más importantes.

El fuego que arde constantemente
en el nacimiento de cada una de mis fantasías.

Eres quien tranquiliza
el grito de un corazón perdido o solitario,
al cargarlo entre tus brazos.

Encadenada a tu Hilo Negro

En la noche siento los deseos de tu ser
llamándome a gritos.

Me susurran que vaya hacia ti;
mientras arañan mi piel lentamente
sin darme tregua,
con la intención de que me rinda ante ellos.

Aunque desista de ellos,
sabiendo que es una cadena que me ata a vos.

Le sonrío a su persistencia,
pidiéndoles
que me lleven a conocer ese otro lado de ti
que desconozco.

Me conducen
hacia cada una de tus fantasías,
ilusiones y ensoñaciones

hasta despertar en un campo de agua de rosas azules,

Donde se pintan todos tus amados deseos
en el lienzo de piel blanca.

Donde pierdo mi conocimiento
entre lo que está bien o mal
al probar el fruto prohibido que me has dado,

Mientras esperabas, entre las sombras,
el renacer del fuego de mis cenizas;
perdidas y frías como la nieve.

Sonríes en silencio,
al saber que la reina del juego de ajedrez ha caído,
enredándote con sus cabellos negros;
dejando la pintura de tu ser en su olor,

Como muestra del triunfo
de tu fantasía entre sus manos pálidas.

Espejismo

Mi juicio ha quedado a oscuras,
al no tenerte a mi lado.

Me tienta a buscar el rastro de vos
bajo el paso de la luna o las estrellas.

Mi corazón aclama tu nombre
sin tregua ni oposición,
y aunque intento silenciarlo;
al dormir
te veo en mis sueños.

Acaricias
mi alegría en silencio,
cubriéndome con tu piel.

Me muestras ese lado tuyo
que el mundo cree inexistente o perdido.

Sin embargo, en tus gemas veo que es real.

Poema #3

Cuando despierto,
siento tu aroma en el valle de mi soledad.

Me pregunto:

¿Acaso este sueño o fantasía es real?
¿Quizás solo fue un espejismo de ti, en mí?

Busco a mi alrededor,
anhelando una pista.

Pero mis sentidos me engañan,
jugándome una mala pasada
al recordar todo lo que pasó.

Al recostarme sobre los hilos de mis nubes,

La ingenuidad en forma de una mariposa
se posa en mi mano,
jugueteando con ella.

La miro encantada;
ella responde a mi sonrisa,
coloreando mis mejillas
con un saludo cordial.

Como si supiera lo que pienso.

Parte Dos de:

Encadenada a tu Hilo Negro

Entre las sombras de Mercurio
escucho resonar tu voz,
susurrando mi nombre.

En la flama que moldea tus ensoñaciones,
siento las caricias de tu ser;
pidiéndome un pedacito
de cielo o de locura.

Me llevas por un camino oscuro,
donde la inocencia y el pecado
se funden en un solo individuo.

La soledad me susurra sus últimas palabras:

«Eres suya.
Estás atrapada en sus hilos dorados,

sus fantasías, te hacen renacer».

Veo tus emociones reflejadas
en el cristal de tus deseos.

La noche me arropa con su manto
y me arrastra hacia ti.

Curiosamente,
mientras tus ojos me miran profundamente
en mis sueños.

Ser Dichoso No Es

Ser dichoso no es esperar
que las oportunidades vengan a ti o confiar en la suerte,
como si llegara sin razón.

Es levantarse después de caer;
buscar un propósito que dé sentido,
algo que haga feliz al alma.

Es encontrar esperanza
cuando todo parece perdido y seguir creciendo como persona.

Canto Nocturno

En los acordes de las melodías de los grillos,
mi corazón vuela al soñarte.

La oscuridad me susurra tus secretos
mientras acaricia mis labios
al cerrar mis ojos.

Te siento a mi lado;
enredándote con mis cabellos oscuros,
dejando en mi lienzo
el veneno de tu aroma.

Cuando el insomnio me abraza,
renazco en tu piel.

Me sonríes al saber
que él ha tocado mi puerta.

Tus ojos y los míos

se buscan en la penumbra,
en un intento de descifrar
el misterio de nuestras almas.

Cuando se desborda nuestra conexión,
las rosas se dibujan en mi rostro,
floreciendo desde mis mejillas
hasta mis orejas.

Revelando lo que siento por ti.

Tus dedos acarician mi rostro,
buscando las respuestas
que tu corazón dejó
dibujadas en mí.

Arrullo de Amor

La luna seca mis lágrimas
al verme escondida en su arroyo de estrellas.

Tú estabas a su lado;
tímido.

Observando mientras retrocedía,
intentando ocultar la canción
que canta mi corazón
por temor.

En un movimiento audaz,
me tomaste
entre las nubes junto a ti.

Envolviéndome en tus alas de paz,
sin juzgarme ni pronunciar palabra.

Me arrullaste como a una niña
aliviando mi tristeza.

Una línea curva se dibuja en tu rostro
al ver el brillo en mis ojos,
y una tenue esperanza nace en mí.

Cuando curas la ruptura de mi alma;
haces florecer la alegría
en el valle de tus deseos.

Arrancas una parte de ti,
entregándomela con devoción.

La guardo entre mis brazos;
aunque dudas asoman en mi corazón.

Entonces
sellas mis miedos
con un beso sutil en mis mejillas.

Parte Dos de:

Dueño de mis Sentimientos

Nadie ha de ser la causa de mis suspiros
más que tú.

Eres el manto de mis deseos,
la ternura inolvidable
que envuelve mi corazón
con locura y pasión.

Eres el calor suave que roza mi piel
en el atardecer;
el que roba mi sonrisa,
mis días, noches y sueños.

Me haces danzar entre las estrellas
cuando tus tiernos besos
tocan mis labios.

Tu voz ilumina mis ojos,
desterrando su eterna oscuridad.

El recuerdo de tenerte a mi lado
recorre mi mente como un tesoro,
siendo el más valioso de todos.

Pintas el mundo de color rosa y mis emociones
se desesperan
cuando te sienten cerca,
anunciando que te pertenecen.

Sin importar nada,
te entregan el último deseo
de mi alma;
hundida en la soledad.

Te Extraño

Tu imagen divina
permanece en mi memoria.

El perfume de tu sonrisa
obsesiona hasta a la flor más insensata.

El tacto de tu piel me enloquece;
su amor, su afecto,
me hace tambalear esta cáscara de hielo
que intento sostener.

Siento cómo germina en mí
esta sensación única.

Un canto que es dulce agonía,
la conexión inevitable
que ata mi alma a la tuya.

Si la luna pintara tus ojos.

Le pediría todas las riquezas
para disfrutarte un momento;
tenerte entre mis manos
aunque sea solo unos minutos.

Solo necesito un instante
para enseñarte que es el amor.

Florecer en tu alma,
tan errante y vagabunda,
es una sensación tan cercana
a la libertad.

Honestidad

A menudo me pregunto:

¿en dónde está nuestra sinceridad?

En esta realidad vestida de gris;
cuando en otros tiempos
vivíamos entre amor y felicidad.

Díganme, queridos lectores;
si las cintas negras que cubren su conciencia.

No chillan entre las rejas de acero,
esperando decir la verdad.

¿Para qué?

¿Para ser sobornados y aceptar al bufón que se ríe de ustedes,
burlándose de su inocencia?

Luego, en su siguiente acto;

el mago los engaña
con los mismos trucos de siempre.

¿No les da vergüenza?

Canten juntos los deseos
que guardan en sus corazones.

La clase social, el poder, las joyas;
no son tan importantes como creemos,
porque todos nacimos del mismo lugar.

La copa de cristal no siempre es perfecta,
ni tan pura como el agua;
pues jamás mostrará el mismo rostro.

«Todos los hombres deben ser virtuosos y honrados»
dijo una vez nuestro viejo personaje favorito.

¿Acaso sabía lo que nos depararía el futuro?

Lo ignoramos,
creyendo que todo lo que brilla es valioso.

No dejemos que nuestro egoísmo y vanidad

gobiernen nuestras vidas.

Seamos reales,
ante todo.

Tu Última Compañía

El canto sonoro del invierno
me trae alegría,
porque pienso en ti.

La perfección no vale nada
si no conoces la sencillez
y la hermosura
de una rosa negra.

El aullido de las ventanas del corazón
es difícil de evitar
cuando la tristeza
toca a la puerta,
disfrazada de esperanza.

¡Vamos!

Di tu nombre,
y verás cómo vuelo sin alas.

Incluso la lluvia goza
cuando dos corazones
se convierten en uno solo.

Antes de que el perfume del destino
haga de las suyas,
una y mil veces más solo para fastidiarnos.

Todo me dará igual si estás conmigo;
pues si me comprendieras un poco
te darías cuenta.

De como te ves, en mis ojos.

No soy responsable
de como mueves mi mundo;
pero solo te pido
tu corazón, un instante más.

Antes de que el tiempo lo devore
con su voz profunda.

Pronto

Pronto llegará el día en que robe tus sueños,
y en la oscuridad.

Pruebe el pecado de tus labios,
que se han convertido
en mi delirio.

Correr del Tiempo

Me pregunto:
¿me seguirás amando, cuando me haya ido?

La luna cuenta mis días,
y mi corazón
se vuelve cada vez más pequeño.

Llora al saber
que morirá sin fulgor.

El tiempo es mi enemigo,
aunque yo
solo quiero quedarme un poco más.

Desearía darle la vuelta al reloj de arena
para intentar enamorarte otra vez.

Solo quédate un poco más

Te prometo
que no pediré nada
a cambio de tu compañía.

Odio no tenerte,
callando mi alma
hasta donde pueda,
para no irrumpir en tus sueños.

Como tantas palabras
llevadas por el viento del otoño,
como hojas caídas.

Dejando solo el eco
de lo que pudo ser.

Tengo un Amor

No puedo mentirle
al dueño de mis pensamientos.

Anhelo ser suya,
fantaseo con él todo el tiempo.

El resplandor de sus pupilas hacia mí
me hace quererlo aún más.

Lo veo al cerrar los ojos,
sintiendo el calor de su ser.

Su voz estremece mi corazón
sin razón aparente,
solo sé que lo quiero.

La ansiedad de no tenerlo,
de extrañarlo;
me hace perder la cordura.

Poema #12

Sus besos de miel
me llevan al borde de la locura.

Su corazón me enamora
con ternura infinita,
sin pedir nada a cambio.
Es la luz que ilumina mi alegría,
arrinconada en una oscuridad
que parecía eterna.

El eco de sus caricias
resuena en mi piel.

Como un recuerdo vívido
de mi devoción por él.

Junto con el perfume
de un cariño intenso y eterno;
vive en cada rincón de mi ser.

Sentimental

Un alma con tanto frío
se calienta al sentir
un cariño tenaz y verdadero.

Los orbes de cristal
son sublimes,
al percibir el aroma
de un amor pasional.

Las rosas bailan bajo su lumbre.

No hay necesidad de palabras,
pues incluso el viento
tiene sus propias frases de amor.

El canto de la luna
se convierte en un refugio
de ilusiones prósperas.

La nostalgia juega a ser

felicidad eterna;
como el eco de una voz
que resuena en la memoria,
producto de nuestras ansias.

Los suspiros audaces
se vuelven aliados del corazón.

Que, poco a poco,
se ablanda;
como los pétalos de una rosa inocente.

Suspiros de Amor

Entre los suspiros de mi ser
nace el sentimiento de cariño hacia vos.

Un canto sonoro se transforma
en un hilo de voz tuyo en mi memoria,
despertando emociones
jamás conocidas.

El reflejo simple del agua
me muestra tu rostro,
sonriente.

Haciéndome pensar
que nunca te fuiste de mi lado.

No logro evadir extrañarte,
frecuento las horas;
preguntándome:

¿Cuánto tiempo falta para verte?

Durante noches llenas de soledad,
tus recuerdos iluminan mis sueños;
pintándolos de un rosa tenue.

Cuando te veo en ellos,
siempre eres un ladrón impecable
de besos.

Junto a la orilla del mar
es donde renace
el latir sereno, de mi amor por ti.

Secreto Contingente

No miento cuando digo
que has sido, y eres,
quien aparta mi alma
de la irritable soledad.

Tus ojos, son los únicos;
penetran en mi interior
con solo una mirada.

Despertando un corazón dormido,
haciéndolo arder
en cariño y pasión.

Tu susurro concede
una atracción que me lleva,
lenta e inevitablemente,
hacia ti.

¿Qué puedo decir?

No puedo negar
que te amo.

Tampoco ocultar
que eres el fuego
que quema mi piel
con un simple roce.

¿Para qué mentir?
Eres el amor que quiero,
la razón por la que sueño despierta;
aunque a veces.

Tiemble ante lo que siento.

No temas a perder
pues he decidido que seas mi compañero de vida.

Deja de Buscar

Deja de buscar mis lunas,
porque es inevitable.

En cada una de ellas
aparece tu rostro,
grabado en mi piel.

No las juzgo,
después de todo;
son la señal de tu amor.

El Inicio de un Amor

El cielo es la estrofa de tu ser,
tu voz, melodiosa como el sol;
simplemente da vida
a todo lo que toca.

Tus pupilas,
tan tostados como una flor
que caduca en tu brillo;
iluminan el sendero de la eternidad.

¿Acaso no conoces el camino de tu condena triunfal, adictiva y sin culpa?

Solo sentí el canto,
del ángel que me enamoró.

La curiosidad me guio
en su espiral,
llevándome a abrir el tesoro

de Pandora.

No me arrepiento de nada,
pues no hallé mayor joya
que tu devoción interminable.

Tu Luz

Una sonrisa me guió hacia ti,
y un beso arrogante
marcó el inicio del camino
de mi corazón hacia tu destino.

Créeme, amor mío;
cuando te digo
que siempre te amaré.

El acorde de tu voz
es el mayor artilugio
de mi obsesión.

¿Qué puedo hacer?

Convivo con un corazón
hipnotizado por vos.

Mi único testigo

es el atardecer frente a nosotros.

Tú, amor mío,
eres todo lo que quiero.

El destino puede jugarme sucio,
y la felicidad puede durar poco;
pero tú siempre serás
toda mi alegría.

Pensando en Ti

La luna se conmueve
con tu sonrisa de jade.

El tiempo se ha marchitado
por no poder verte,
y las ansias se devoran entre sí.

Intentando cazar el cielo
con un flequillo.

Bajar la luna o las estrellas
no es opción,
porque siempre ha valido la pena
estar en tu piel de algodón.

Eres el sol
que ilumina la sombra
en las profundidades
de un corazón vacío.

Eres el sueño
tan real como un cuento de hadas,
que puedo encontrar.

Solo al cerrar
mis ocelos de cristal terroso
puedo ceñir; cuanto
te deseo.

A menudo escucho el crujir
de los hilos del placer
al tenerte en mi compañía.

Tan sutil
como el roce del calor
de tus labios codiciados,
vienes a mí;
y me siento viva
en todos los sentidos.

Cantos para el Alma

La desesperación me llevó a tus labios,
probando el sueño que deseo.

No hay precio para mí
cuando se trata de estar
a solas con el amor.

Este me condujo a ti,
trayéndome la calma
que solo él sabe dar.

No necesito comprender
las malas interpretaciones
de una sociedad ciega;
porque he perdido mi sol.

Pero tú sigues siendo
la luna que centellea en mis ojos.

Poema #19

Ven a paso lento,
en la soledad y la oscuridad.

Solo guíame zigzagueante
al sendero de tus sueños.

De repente,
me doy cuenta
de que tus labios
agonizan lentamente
en mi ser.

Solo a Ti

La luna se posa en mi cuello,
buscando consuelo.

No puedo desatar el nudo
del mundo frío que envuelve mis fronteras,
ni gritar mientras todo se derrumba por dentro.

El azufre de los recuerdos
se hace presente.

Duele tanto no tenerte,
extrañarte.
¿Cómo le explico a un corazón tan terco?

Que se desvive por vos
que debo dejarte ir

Sin embargo, al no tenerte,
un llanto amargo se asoma en mi interior;

y la esperanza se desvía
al chocar los sueños
contra la realidad.

Un alma vacía se endurece,
como piedra,
para evitar nuevos daños.

Solo quiero el sueño que perdí:
tú.

Si la Luna

Si la luna pintara las estrellas,
créeme;
todo sería diferente.

Sin embargo, deberíamos considerar:

¿Cuál sería la canción del amor, entonces?

Búscame

En el lomo de cristal
acontecen mis pesares.

Mis suspiros se vuelven fantasías,
tan reales
que superan la barrera de lo tangible.

Más difícil que romper el asbesto
es mi profundo cariño hacia ti.

Compréndeme,
el lazo que nos une
es más fuerte
que mi propia insensibilidad.

Aunque te tambaleen
las dudas como una hoja en la brisa,
no me sorprende
el mar de lágrimas

que alimenta tus incertidumbres.

Recuérdalo, mi amor.

Llámame en un susurro
y apareceré.
No pienses,
solo ven a mí.

Te cubriré
con los brazos de la noche.

No temas;
nunca te he abandonare.

No tengo nada que esconder,
porque tú
eres la estrella más brillante de mi universo.

Algo Inconfundible

Mis recuerdos contigo
rebotan como gotas de lluvia
en mi mente.

Se pasean en tan poco tiempo,
haciéndome creer
que te tengo aquí;
aunque no sea así.

Es curioso.

Los días y horas que pasé contigo
fueron mágicos.

No lo sé.

Sencillamente,
tengo un corazón que sueña contigo;
una piel que guarda testimonio

de un amor único y original.

Unas mariposas se encargan
de susurrar tu nombre.

Escriben con sus alas
los besos sublimes
que no terminan,
como si no existiera un mañana.

Las cosas nunca suceden
de forma extraordinaria
por sí solas.

Pero contigo,
lo más ordinario
se vuelve lo más maravilloso del mundo.

Nada se compara
con recorrer el mundo a tu lado.

Hasta la tristeza más pequeña
se convierte
en una felicidad infinita contigo.

El Néctar

El néctar de la vida
se refleja en tus pupilas;
como un roce cargado de deseo.

Tentándome a dibujar
sobre el lienzo de tus sueños.

Espero ir más allá
de tus memorias.

Como una invitación
a lo prohibido,
oculta en tu mente.

Deja Vu

Siento tu voz
acariciar mi piel.

Algo desconocido,
¿qué será?

Me conecta contigo.

No me preguntes
¿por qué?

Simplemente sígueme hacia la noche.

Muero por probar
el sagrado delirio de tus labios.

Déjate guiar
por el toque delicado de una flor.

Sonríe,

pues esta noche seremos nosotros
quienes disfruten
los secretos del sol y la luna.

No mires atrás,
el pasado es historia.
Borraré tus malos amoríos
sin grandes pesares.

Todo lo que diga
una sociedad hipócrita
no tiene cabida
en este momento.

Solo estamos tú y yo.

Tus rubores delatan timidez;
pero no tengo prisa.

Siempre seré paciente
ante tus miedos.

Esperanza

Déjame entender tu amargura
y tu soledad,
mientras contemplo
tu esperanza única e inigualable.

Suspiras en el viento,
rezando líricas
que amortigüen tu dolor.

Sonríe,
porque irradias amor
a cualquier lugar.

Oigo tus sueños,
que llegan a mí
como copos de nieve.

Déjame llevarte
hacia aquello que deseas.

Poema #24

Te haré soñar todo lo que necesites,
desear besos de miel
y suspiros de cariño.

Te prometo
hacerte tan feliz
como pueda.

Realidad

A veces no sé si sentirme vacía
por tus largas ausencias.

Siempre me pregunto:

¿Todo lo que ha pasado es un sueño o es real?

No lo sé.

Dudo de lo que siento.

Han pasado tantos inviernos
sin ninguna primavera.

He contado muchas lunas
esperándote.

Sabiendo que, tarde o temprano;
no volverás.

Respiro con paciencia
los últimos suspiros
de un corazón demacrado,
desesperado por un poco de amor.

La esperanza,
sin previo aviso;
es vencida por la soledad.

Al final, mi corazón cae roto
sobre las cenizas
de un sueño.

Que no logró vivir
más allá de esta realidad estrellada.

Nunca te Arrepentirás

Jamás menciones
que evito pensar en ti,
porque vivo soñándote
y preguntándome:

¿Cómo será el aroma de tu nuevo perfume?

Busco una idea,
¿cómo tenerte a mi lado?

Aunque no lo creas,
me pareces fascinante
en todos los aspectos.

No presto atención
a los embusteros
ni a los aventureros de una noche,
porque tú has capturado mi alma.

Por ti, bajo mi pedestal,

aun siendo orgullosa.

Serpientes habitan en mi lengua,
pero si te acercas a mí;
te ofrezco todo el tiempo
que pueda darte.
Si alguna vez te hace falta cariño, te juro
que volveré a enamorarte
una y otra vez.

Sueño de Ti

Busco una imagen sublime
de mí junto a vos.

A través de tus ansias,
veo tus ojos llenos de esperanza;
coloreados por el amor.

Pero en una realidad
tan frágil como el hielo,
es solo otro sueño perdido
más en la lista.

¿Qué puedo decir?

La distancia repercute,
y las ilusiones fragmentadas
se resisten a morir;
a pesar del tiempo y el espacio.

En una noche fría,

solo busco un beso cálido
para calmar mis temores
y la ansiedad que me persigue
cada madrugada.

A veces.
huyo de mis propios deseos,
pensando que no todo
es color de rosa.

¡Benditos sean los recuerdos!

Ellos invocan tu fantasma,
que se esconde en mis sueños
y habita mi piel
día tras día.

Ven a Mi

Busco las piezas de un rompecabezas
que no logro encontrar.

No hay un momento
en que mi corazón
no pronuncie tu nombre.

Mientras tanto,
una tormenta ruge en mi interior.

Siento el llamado de la sensibilidad,
tentándome a seguirla;
pero me niego.

Realmente duele
sentirse sola y vacía.

Busco que tu espectro
deje de atormentarme,

tanto en mis días
como en mis noches.

Pretendo ignorarlo,
pero siempre está ahí;
más vibrante que antes.

Intento reprimir mis sentimientos,
aunque no puedo.

Estás tan presente en mí
que sigo sintiendo cosas por ti.

Intento ser fuerte,
aunque no siempre lo consigo.

Tampoco puedo evitar perder el pudor
ante tus seducciones.

Lo único que quiero
es una vida a tu lado, mi amor.

Un Amor Único

Créeme cuando te digo
que eres el único amor que quiero.

Sé que no todo es perfecto,
pero tampoco busco que lo sea.

Solo tengo el propósito
de amarte.

No creo en finales felices,
pero tú eres
la mejor casualidad de mi vida.

Aunque esté a punto
de mandarle flores al destino
por habernos unido,
prefiero pasar momentos mágicos contigo.

Contigo,

me desespero y muero
por estar a tu lado.

Tus besos de luna
son mi único deseo.

Dulzura

Jamás he aspirado a ser un ángel
ni a ser un demonio,
pero puedo jugar a ambos;
sí lo deseas.

No necesito un cielo
para bajar estrellas.

Sin embargo, por ti,
puedo crear estrellas fugaces
que resguarden
cada uno de tus sueños.

Sé que no tengo todo lo que aspiras,
ni creo ser perfecta para vos.

Pero puedo armar
todos los pedazos de tu corazón roto,
concediéndote

lo que necesitas.

Busco la sombra de tus ojos
en mi reflejo.

En ellos veo tu imagen estrellada,
frente a mis brazos;
simulando sentir tu calor.

Solo requiero de tu silencio
para perdernos
en lo que sentimos.

Lo único que extraño,
en un mundo en ruinas.

Es al único ser que he llegado a amar: tú.

El Orgullo

El orgullo es mi bandera,
y vuestros sentimientos; mi tierra.

Siempre es un honor
ocupar un corazón,
remendándolo del escándalo
de un día gris.

Perdón

He cometido errores
que me han llevado a perderte.

Sé que te he herido,
pero quiero tu perdón.

Mereces más que una simple disculpa,
más que palabras vacías
que tal vez no alivien tus penas.

Si buscas apoyo,
estaré ahí para vos.

Sé que dirás
que con solo eso no bastará;
porque una persona no cambia
de la noche a la mañana.

Sin embargo,

quiero ganar tu confianza.

Sé que no puedo reparar
los pedazos de tu corazón
que rompí con mis dudas
e inseguridades.

Si me das otra oportunidad,
comprenderé que nada será igual.

No buscaré que todo fluya como antes;
entre rosas.

Prometo hacer mi mayor esfuerzo
para lograr tu perdón.

Si en algún momento deseas
que esté a tu lado, lo haré.

No quiero forzarte a nada;
después del dolor que te he causado.

Entenderé si mis promesas
te parecen vacías.

Como mentiras al viento,
aunque sean las más sinceras
que he escrito para vos.

Sé que soy culpable
de agrandar las fisuras
que nos dividen.

Prometo que nada será más importante
que ver tu hermosa sonrisa.

Con eso me conformo.

Lo que Siento por Ti

Nunca he necesitado a alguien
como te necesito a ti.

No busco compasión
ni el perdón de mis prejuicios.

Eres todo lo que hay detrás
de mis sueños abstractos,
cada noche.

No quiero un cuento de hadas perfecto,
solo quiero colarme en tu mente;
como tú lo has hecho en la mía.

Lentamente,
me consume el fuego de tu pasado.

Lo he aceptado,
aunque me aterra de ti.

De alguna manera,
mi corazón te sigue
en cada universo que habito.

Sin buscarlo,
te encuentro en cada rincón
de mi ser.

Entraste en mi piel
de tantas formas
que incluso para odiarte
me gustas.

Y aunque no deseo nada de vos,
eres todo lo que busco.

Te Quiero

Me llena de una felicidad increíble
el simple hecho de verte.

Pero cuando te vas,
me rompo en mil pedazos.

Es maravilloso saber de ti;
ya sea por cartas
o susurros al viento.

De alguna manera,
puedo abrazarte y sentirte.

Aprecio todo de vos;
desde que duermes
hasta cuando sonríes.

Todo en ti

es hermoso para mí,
haciéndome sentir
cosas únicas;
que nunca antes había experimentado.

Solo contigo ocurren,
como juegos del destino.

Siempre lo comparo
con acariciar las alas
de una mariposa.

Sé que soy difícil de tratar,
que constituimos una guerra constante
contra tu orgullo.

Sin embargo,
quiero decirte
que te quiero.

Eres todo lo que siempre he querido.

¿Está Bien?

¿Está bien llorar, para sanar el dolor que siento?

Siempre trato de estar bien para ti,
de hacerte feliz.

Pero no puedo lograrlo
sí me estoy destruyendo.

Creo que no te importa
que sufra una eternidad
en mi oscuridad.

No puedo evitar
sentir un vacío en mí.

Siempre soy yo quien te espera,
meses enteros;
velando por tus sueños.

Merezco más
que solo favores para vos.

¿Está bien?

No quiero sacrificar
lo último que queda de mi corazón.

Si no estás aquí para mí,
me tengo que ir.

¿Está bien?

El Canto de las Ninfas

Los cantos de las ninfas
narran historias de amoríos.

Pero entre todas ellas;
la que te hace sentir vivo,
amado y especial
pertenece a un amor real.

Así ocurre también
con la persona que te inspira ese sentimiento.

Vale la pena.

No la dejes ir,
pues sería como cambiar oro
por espejos.

Y si no vale la pena,
déjala ir.

Porque todo lo que ves en ella
es solo una ilusión
creada por tu mente.

Juegos del Amor

Nunca he esperado ser la luz de alguien,
tampoco lo deseo.

A menos que entregues tu corazón,
sin malicia alguna.

Frente a la soledad,
sé lo complicada que puede ser.

Irónico, ¿cierto?

Conozco el peso de estar roto por dentro
y no poder decirlo.

Aprecio cómo el viento juega con mi pelo;
admito que me encanta.

Puedo ser fuego en las noches
o lluvia durante el día,

si así lo prefieres.

Soy la reina de mi propio castillo.

No estoy hecha
para estar a los pies de alguien.

Tengo pasión por conquistar,
por volar alto con mis sueños.

No busco pisotearte,
ni a vos; ni a los demás.

Sin embargo,
puedo colarme en tu piel.

Me gusta saborear
el fruto de tus anhelos.

Aunque pueda irme cuando lo desee,
pero en este momento;
quiero compartir contigo
lo bueno y lo malo.

Tengo encanto para jugar sucio,

si eso me asegura
que caigas en mi red.

Amor Mio

Tus ojos
son el mar
donde navega mi pequeño corazón.

Considero
que nací en la tierra equivocada,
pero cuando tu perfume
se desliza sobre mi piel.

Pienso que tú eres
el único lugar donde pertenezco.

Me gusta compartir
mi amazonia contigo,
dormir en el calor de tu amor.

Eres el color de la mañana
en mis pensamientos;
tan fugaz, tan vivaz,

que vives constantemente
en mis sueños.

Es un deseo eterno
querer verte.

Nada se compara con tu amor,
ni siquiera los placeres
de una vida vacía o cruel.

Mi Pequeña Soledad

Hermosa soledad,
¿qué más puedo pedirte?

En ocasiones;
desesperadamente,
necesito un poco de luz o de amor.

No es que malgaste tu compañía,
pero debes entenderme.

No busco solo pasión,
sino el tranquilo latir de tu corazón
y tus ganas de hablar.

Jamás he ansiado encajar con un cuerpo.

Solo quiero conectarme con tu alma,
ser la razón de tu sonrisa
cada mañana

o el calor de un abrazo
después de un día abatido.

Pero si no me lo permites.

No puedo conformarme con migajas.

Compréndeme, pequeña soledad.

Es un infierno no saber de ti,
un horror
no poder entrar a tu corazón.

Te adoro con toda mi alma;
pero me mata
que no me digas lo que sientes.

He jurado que siempre estaría para vos,
pero quiero algo más que placer.

Tú, corazón,
entiéndeme.

Mi pequeña soledad,
te amo

y te quiero a mi lado.

Mi Amado

Es maravilloso verte sonreír
mientras admiro tu precioso rostro
color chocolate.

Eres lo mejor
que ha pasado en mi vida.

A pesar de mi inexperiencia,
no me arrepiento
de que mi corazón te haya escogido.

No he podido darte la oportunidad
de saber lo bien que se siente
cuando me rodeas con tus brazos.

Admito que nunca dejo de pensar en ti,
sin importar cuánto tiempo pase.

Sueño contigo cada noche;
imaginando lo felices que somos

cuando estamos juntos.

No espero que todo sea perfecto,
ni malinterpretes mi deseo.

Solo quiero compartirlo todo contigo.

Pequeño amor mío,
prefiero abrazar el alba contigo
que buscar pasiones
detrás de los ojos de la luna.

Quiero que escuches el canto
de un corazón que te extraña
y que late solo por vos.

El Amor

El amor no tiene manual,
no sigue instrucciones.

Es una danza desordenada
que no siempre
tiene un final feliz.

El amor puede sanar,
pero también
puede quebrar lo más puro.

Es fuego y cenizas;
un abismo de emociones
que, a veces,
no logramos entender.

En ocasiones,
creemos que lo hemos encontrado,
y, al final.

Poema #39

Solo era un reflejo pasajero,
una ilusión en el espejo.

Pero cuando el amor es real,
es como la luna llena
en una noche despejada;
brillando con fuerza
sobre un mar en calma.

Es un riesgo que tomamos,
sin saber si el corazón
saldrá ileso.

Es un salto al vacío;
un acto de fe
que nos transforma para siempre.

Así es el amor:

Impredecible, salvaje y hermoso.

Cuánto Daría

Daría todo por yacer
entre las espinas de un amor,
convencida
de que el tiempo siempre será nuestro enemigo.

El mar cristalino adorna las perlas
que brotan de tus ojos.

Esas que curan las cicatrices
de una mentira oculta,
grabada bajo el yeso
de la desilusión.

Mi desdén por tu amor
es, en realidad,
la mayor prueba
de cuánto daría por ti.

No me conformo

con una dinastía de amores amargos;
ni con generaciones
que rechazaron la luz de tu cariño.

Cuánto daría
por una gota del amor
que se pierde dentro de ti.

Daría todo lo que tengo
para ser tu salvación.

Sin importar las consecuencias,
porque tú eres
el deseo intacto
de un corazón
que jamás olvidó amarte.

Cara Mia

La odisea de mi amor por ti
es una tormenta que arrasa todo a su paso.

Puedo ver la silueta de tu sombra
mirándome por las noches.

Deseo sentir tu cálida brisa
en este invierno tan solitario.

Recuerdo tu iris color caoba;
ellos me llenan de tanta paz
que olvido la desilusión de un mundo
tan caótico que habita en mí.

Espero el día
en que pueda sentir tu alma
entre el calor de tus brazos,
para que mis sueños
descansen finalmente en ellos.

Inalcanzable

Te miro desde lejos,
como quien observa las estrellas.

Sabiendo que nunca podrá tocarlas,
aunque brillen solo para él.

Eres ese sueño fugaz
el susurro de la luna;
la sombra que danza en el agua.

Tan cerca
y aún así, tan lejana.

Intento alcanzarte
pero mis pasos se pierden
en un camino invisible;
un laberinto que no tiene salida.

Aun así, no dejo de intentar.

Quizás, algún día,
las estrellas cedan;
y yo pueda encontrar
el calor de tu luz en mis manos.

Hasta entonces,
seguiré soñando contigo.

Inalcanzable,
pero siempre presente
en mi cielo.

Parte Dos de:

Cara Mia

Cara mía,
te has convertido en el eco
que susurra mi nombre.

Cada vez que cierro los ojos,
te dibujo en mis sueños;
como si fueras un susurro
que el viento dejó en mi oído.

Tu presencia es la melodía
que acompaña mis días,
un himno suave.

Como el roce de una caricia
sobre una piel herida.

Eres el sol de mis mañanas,
la luna que ilumina
mis noches más oscuras.

Sin ti, mi mundo es invierno,
un lugar frío y estéril;
donde las flores duermen
y los ríos se detienen.

Cara mía,
tus ojos tienen un lenguaje
que solo mi alma comprende.

Me pierdo en su profundidad,
en su secreto interminable.

No sé si alguna vez
podré encontrar palabras suficientes
para agradecerte
por existir.

Rayo de Luna

Tu rostro se refleja en mis sueños,
alegre y vibrante
cada vez que te acercas a mí;
redondo como una luna
que brilla por el amor que compartimos.

Intento no pensarte,
pero en mi lucha por olvidarte.

Te pienso aún más.

Eres como una sombra persistente,
persiguiéndome día tras día.

Una ironía del destino
que nunca deja de burlarse de mí.

A veces, dudo de tu existencia;
desapareces y reapareces,

curioso y etéreo.

Como un rayo de luna
que ilumina mi noche.

La Desesperación

Olvida cómo el mundo centelleante
evade la realidad.

Lo único que importa
es que encuentres tu sentir
más allá del reflejo de la desesperación.

Ella será el mayor enemigo
al que debas enfrentar.

Aunque le Digas que No

Mi corazón
se aferra a recordarte,
incapaz de evitar la tristeza
al no saber de ti.

Te busca entre las sombras o la luz,
todavía espera por vos,
aunque sabe
que no volverás.

Para él, resignarse
es aceptar una derrota amarga;
y aunque le diga que no.

Persiste,
porque no puede aceptar
que te has ido.

Aunque le digas no,

jamás se rendirá por tu amor.

Encuéntrame

Búscame en la avellana de tus ojos,
explora el oasis de tu ser.

Me encontrarás bailando
sobre las cruces,
tarareando tus sueños
mientras tú cantas los míos.

Levanta tus brazos,
procura que en ellos estemos;
abrazándonos.

Voy a estar entre tus suspiros,
simplemente siento
que eres para mí.

Cuando la luna ilumine tus pasos
y el viento roce tu piel,
sabrás que estoy cerca.

Poema #46

Esperándote entre las sombras
de este amor inquebrantable.

Permite que tus labios
murmuren mi nombre.

Será como si el tiempo se detuviera,
y en ese instante.

Podrás encontrarme
en cada rincón de tu ser.

Parte II
Poemas del Viento

I

Recreo cada momento juntos,
como una película en mi mente.

Nunca dejo de pensar en ti.

Estás tan dentro de mí
que no sé si eres parte de mi ser
o si soy yo quien forma parte de ti.

En tus ojos oscuros de néctar
veo reflejado el dulce aroma de tu piel,
haciéndome creer.

Por un instante,
que realmente estoy a tu lado.

Todo se vuelve nada

si no estoy contigo.

Nótese;
eres lo que más deseo.

Extrañarte
es una forma sutil de decirte
cuánto te amo.

Es una acción irónica,
donde mi orgullo y mi sensibilidad chocan,
y, al mismo tiempo.

Una rosa se marchita o florece dentro de mí.

Puedo no ser lo que deseas,
pero quizás;
soy lo que necesitas.

Te adoro con toda mi alma,
porque eres quien aleja mis propios demonios.

A menudo te pienso,
deseando, de todo corazón, un abrazo tuyo.

Un nudo en mi garganta se forma
cada vez que te vas;
sintiendo que una parte de mí
se rompe y se va contigo.

Reina la amargura o la soledad,
cepillando mi pelo.

Extraño tu sonrisa,
tus ojitos iluminados
y tu dulce voz.

Intento ser de hielo para no sentir nada,
pero cuando te veo;
algo se reaviva en mí.

Eres lo más hermoso de mi mundo,
mi luz.

Decir que eres mi ángel guardián
es poco.

El olor que adorna tu piel es embriagante.

No olvido el primer día
en que nuestras pieles y corazones
se mezclaron,
junto con los besos que me diste.

Lo más reconfortante
es escucharte decir que me amas.

No puedo evitar

que mi corazón
se anime a perseguirte.

Solo pido
que estés siempre a mi lado.

Tic Toc

Tic toc,
el tiempo corre;
pero no perdona.

Tic toc,
no esperes que te arrastre a su mundo
por esperar a quién.

No daría todo por ti.

Tic toc,
porque estarás condenado
a llorar mil penas
por sacrificar la felicidad y el amor,
pilares del éxito de la vida.

Será tu condena,
al dar tu último suspiro en este mundo;
fracasando en los retos del destino.

Tic toc,
yo no puedo salvarte;
pues el tiempo ya se ha ido.

Odio las noches de soledad.

Sin ti, se vuelven frías y largas.

Puedo sentir que mi corazón
se convierte en un bloque de hielo,
preguntándose: ¿dónde estás?

No puedo evitar sentir
ese pequeño vacío
que me envuelve
cuando no te tengo.

Es extraño no saber de ti,
no escuchar tu melodiosa voz.

Suelo buscarte

en cada rincón de mi ser,
como si fueras un preciado tesoro perdido.

Solo me abstengo
a pequeñas ilusiones;
esperando con esperanza
el día en que pueda volver a verte.

Medito o repito tu nombre
en mis sueños,
remendando nuestro vínculo.

Tan fuerte, pero a la vez tan frágil,
donde el tiempo está en contra de nosotros.

Es frustrante no tenerte,
no poder sentir tu esencia
frente a mí;
como si careciera de importancia.

No puedo negar que siento envidia
al no poder ver tus sonrisas
o tus tristezas,
cuando otros pueden

y no les interesa.

Jamás he mentido al decirte
que necesito cada aspecto de ti.

Pero, cuanto más pasa el tiempo,
puedo sentir la desesperación
que existe en tu corazón.

Sabes que te amo;
solo a ti, mi amor.

VI

¿Para qué regalar joyas, sí lo único que quiero es un tibio abrazo por las noches?

Es curioso;
extraño reírme de todo
y mirar tardes soleadas,
mientras alguien me regale una sonrisa.

Siempre he girado a toda velocidad,
como un pequeño copo de nieve.

Temiendo caer
en la cruel realidad.

No me malinterpretes,
si bien amo estar sola,

solo deseo
unos minutos de tu compañía.

Es complicado explicarlo.

Únicamente déjame
estar a tu lado un rato.

Intento enterrar mis sentimientos,
pero todos me arrastran hacia ti.

Es difícil soñar,
sabiendo que una inocente caricia tuya
quema mi piel.

Aun la luna
me sigue mostrando
lo bien que recuerdo
cada uno de tus besos.

Solo entiende, por una vez,
que no soy un muñeco
que controlas a tu antojo.

¡Escúchame!

Tu avaricia y tu arrogancia
acaban sin contemplaciones
con la hermosa primavera
donde yace la bondad.

Fragmentas la realidad a tu paso,
corrompes la vivaz alegría
para ceñir un mundo inexistente.

Creyendo que el tiempo no te juzga,

pero caes en tu propia trampa.

Cada vez dudas más de mi potestad,
corres contrarreloj;
imitando un pasado que ya se fue.

¡Basta!
¡No seas tonta!

¿Acaso no te das cuenta; de la desesperación en los pequeños trozos de mi corazón?

Rompes los trazos del lienzo,
dejando claro
que la esperanza de estar en paz
es una misión fallida.

Busco la algarabía
de encontrar
tus pesares de Luna.

Le vendo a la vida una idea
para estar en paz,
ocultándome de los males
bajo la amnistía de la noche.

El rechazo me quema,
pero aún sigo aquí,
para verte florecer
sobre el regazo de la invisibilidad.

Esperando, algún día;
una oportunidad

para vivir en el hogar de tus pensamientos.

Aspiro estar en tu corazón,
pero ya sé
que te negarías a ello.

De nada me sirve mentirme,
así que solo espero;
hasta marchitarme.

Ahora entiendo
que el tiempo no me perdonará.

Las Perlas

Las perlas que ruedan por tus ojos
son un nudo gris en mi alma.

Porque mi mundo
siempre será lo más importante,
ante lo que puedan ofrecerme otros.

Epílogo

Crisantemos impregnan su dolor en mi piel.

Pequeña luna,
¿por qué haces esto?

El ardor se cuela en mis huesos.

Yo solo deseaba
una vida sencilla y feliz,
desbordando la pasión de mi sueño.

Tocando las estrellas
bajo la lluvia
que riza mis cabellos,
juntando ideas entre los charcos.

Pero me condenaste
a cargar con una cruz que no es mía.

¡Soy inocente de todo!

No deseé llevar
el dolor de unos crisantemos rotos.

Simplemente quería una bitácora
para navegar
por los recuerdos de mi vejez,
con toda mi descendencia.

Agradecimientos

Fue un honor compartir este maravilloso poemario con ustedes.

Solo aspiro que hayan podido identificarse con algún pequeño verso a lo largo de este extenso viaje, y no deseo más que si algún día la vida los hostiga, puedan buscar un poema al azar, uno que les recuerde que no todo es oscuridad o luz en el mundo.

Siendo sincera; en lo poco que sé sobre este, es que los colores siempre están escondidos a plena luz del día. Al igual que la maldad y el bien, ocultos entre la espuma del mar.

¡Gracias por llegar hasta aquí!

Acerca de la Autora

Camila Meneses Rojas

Estudiante de Odontología en 7mo semestre, nacida en 1999 en un pequeño pueblo cerca de la costa del estado Sucre, Venezuela.

Comenzó a escribir poesía en Wattpad en 2015, hasta finalmente crear tres libros consecutivos dentro del mismo género; inicialmente como una forma de entretenimiento de la rutina diaria.

En 2020, durante la pandemia, decidió publicar de forma independiente Cantos para el Alma: Primer Reparto de Poemas, con el objetivo de aprender, mejorar y hacer realidad su sueño de ver su libro en formato físico.

Para Más Informacion

@Escritosmenesesrojas_2.0

@Escritosmeneses

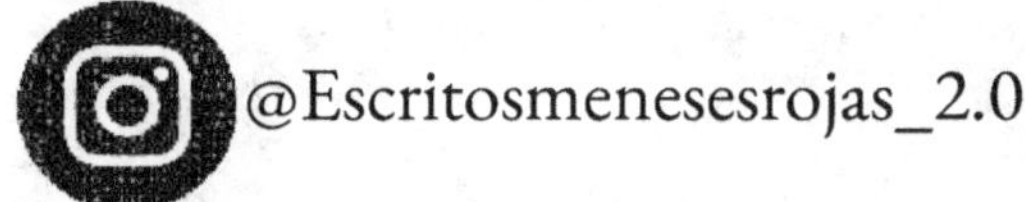
@Escritosmenesesrojas_2.0

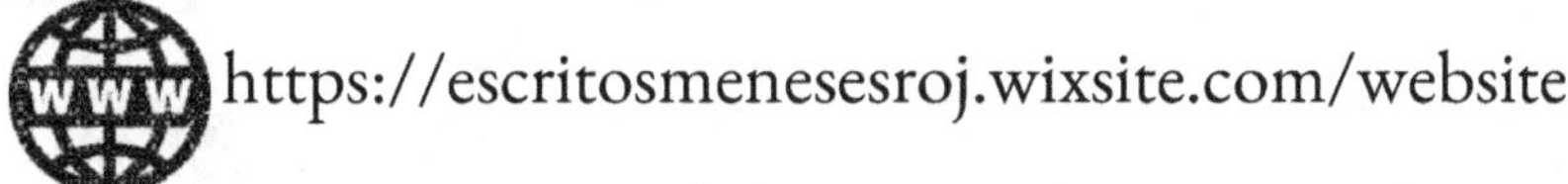
https://escritosmenesesroj.wixsite.com/website

www.ingramcontent.com/pod-product-compliance
Lightning Source LLC
LaVergne TN
LVHW012328100826
845148LV00017B/532

* 9 7 8 9 8 0 1 8 1 4 7 1 9 *